Rainer Crummenerl

Abenteuerreise in die Welt der Burgen

Mit Bildern von Hauke Kock

Fachliche Beratung: Deutsche Burgenvereinigung e. V.

Arena

Marksburg

Rainer Crummenerl,
geboren 1942, ist freiberuflicher Autor zahlreicher Kindersachbücher.
Er lebt unweit von Leipzig im sächsischen Burgen- und Heideland.
Viele Besuche in den Burgen, Schlössern und Adelssitzen seiner näheren Umgebung
machten ihn neugierig auf ähnliche Zeugnisse der Vergangenheit in anderen Regionen.

Hauke Kock,
Jahrgang 1965, studierte Kommunikations-Design.
Seit 1991 arbeitet er als freischaffender Illustrator.
Er illustriert vor allem Kinder- und Jugendsachbücher. Geschichtliche Themen
bilden dabei seinen Schwerpunkt. Sein Interesse gilt außerdem
der freien Malerei und der Fotografie.

Bildquellennachweis:
dpa: S. 14, S. 37
Bildagentur Huber, Garmisch-Partenkirchen: Cover, S. 2, S. 9, S. 17, S. 19, S. 21, S. 22, S. 27, S. 34
Robert Barradi, Foto zur Verfügung gestellt von der Fondation du Château de Chillon: S. 13
Kiedrowski, Rainer, Ratingen: Cover, S. 33, S. 43
Kittner, I., Museum Alte Burg Penzlin: S. 30
Klammet, Waltraud, Europa-Farbbildarchiv, Ohlstadt: Cover, S. 11, S. 44
Kulturstiftung für den Landkreis Merzig-Wadern, Merzig: S. 29
Müller, Wolfgang, Oberried/St. Wilhelm: S. 25, S. 41
Otto, Werner, Reisefotografie, Oberhausen: S. 7
Schieckel, Klaus, Stolpen: S. 39

In neuer Rechtschreibung

1. Auflage 2004

Illustrationen: Hauke Kock
Fachliche Prüfung: Dr. Reinhard Friedrich, Europäisches Burgeninstitut,
Einrichtung der Deutschen Burgenvereinigung e. V.
Gesamtherstellung: westermann druck Braunschweig GmbH
ISBN 3-401-05542-9

Inhalt

Ein Burgenführer entführt ins Mittelalter

Hohe Türme, dunkle Verliese, unterirdische Gänge – wer hat hier einst gelebt, wer war hier gefangen? Immer wieder ziehen uns Burgen in ihren Bann. Sie erzählen Geschichten von längst vergangenen Zeiten. Vergangen? Auch heute gehören Burgen zu unserem Leben, denn viele von ihnen können wir besichtigen und eine Menge über sie erfahren.

Wann die erste Burg gebaut wurde, weiß man nicht genau. Die meisten aber sind im Mittelalter entstanden. So nennt man die Jahrhunderte zwischen dem Altertum und der Neuzeit. Das Mittelalter dauerte von etwa 500 n. Chr. bis 1500, also etwa 1000 Jahre.

Im Mittelalter gehörte das meiste Land den Königen. Viele Königreiche waren sehr groß. Sie ließen sich nur schwer gegen Angreifer verteidigen. Daher suchte sich der König Adelige als Verbündete. Ihnen lieh er Teile seines Reichs – die so genannten Lehen. Dort herrschte der Adelige dann über die Menschen, die bei ihm lebten und arbeiteten. Sie mussten ihn auch beim Bau seiner Burg unterstützen. Und das konnte tatsächlich bis zu zwanzig Jahre dauern, meist ging es aber schneller. Viele Burgen wurden später umgebaut oder ausgebaut.

Eine Burg konnte viele Funktionen haben: Sie war geschützter Wohnsitz für den Burgherrn und seine Familie, Wehrbau, Kontrollstation, Ort der Gerichtsbarkeit, Amtssitz zum Sammeln von Abgaben, gelegentlich auch Grenzsicherung oder Zollburg.

Die Burgen sollten das Land beherrschen und beschützen. Da war es klug, sie auf einem Hügel oder steilen Felsen zu errichten. So entstanden die Höhenburgen. Andere Burgen, die Wasserburgen, schützte man durch einen See oder Wassergraben. Es gab auch Felsenburgen, Hangburgen und Stadtburgen. Eine Burg war nicht etwa nur ein einzelnes Gebäude, in dem der Burgherr mit seiner Familie wohnte. Nein, manche Burganlagen ähnelten einer richtigen kleinen Stadt: mit Werkstätten, Brunnen, Zisternen, einer Kapelle, Gärten, Ställen, gelegentlich einem Gefängnis, Vorratslagern und anderen Einrichtungen.

Die meisten Burgen hatten hohe Türme, dicke Mauern, starke Tore und tiefe Gräben. Oft war es dem Feind kaum möglich, in ihr Inneres zu gelangen. Doch dann brach ein neues Zeitalter an. Durch die Erfindung der Feuerwaffen ließen sich Burgen leichter einnehmen. Und so baute man bald keine mehr. Dafür entstanden prächtige Schlösser zum Wohnen und Festungen, die mit Kanonen bestückt waren.
Viele Burgen kennen wir nur als Ruinen. Andere haben die Jahrhunderte überdauert. Manche wurden auch wieder aufgebaut. Doch wie sah eine Burg, die wir heute besichtigen können, ursprünglich aus? Manches lässt sich nur vermuten. Und so sind auch die Bilder in diesem Buch als Annäherung an vergangene Zeiten zu verstehen.
Dieses Buch stellt einige der interessantesten Burgen Deutschlands, Österreichs und der Schweiz vor. Warum diese und nicht die vielen anderen? Weil diese uns das Mittelalter in seiner ganzen Vielfalt nahe bringen. Eine Zeitreise beginnt, eine Zeitreise mitten hinein ins turbulente Leben des Mittelalters . . .

Rainer Crummenerl

BURG BENTHEIM

Ist das etwa eine Höhenburg? Ja, natürlich! Dabei steht sie nur auf einem Sandsteinsockel. Er ist kaum 50 Meter hoch. Das flache Land ringsumher lässt ihn aber höher erscheinen. Bekrönt wird der kleine Berg vom massigen Pulverturm und den zinnenbewehrten Mauern der Burg. So wirkt er dann doch recht stattlich.

Der rettende Windstoß

Fast wäre die Burg vernichtet worden. 1795 wurde sie nämlich in Brand geschossen und besetzt. Dies geschah im Krieg gegen die französische Revolutionsarmee. Später mussten sich die Franzosen zurückziehen. Zuvor versuchten sie noch den Bergfried zu sprengen. Doch das gelang ihnen nicht. Ein Windstoß hatte die eiserne Tür zum Pulverturm zugeworfen. Die schon brennende Lunte der Sprengladung wurde abgeklemmt. So blieb der vertraute Blick auf Burg und Berg erhalten.

Der Stein der Weisen

Auf Bentheim gibt es noch einen zweiten Turm, den 45 Meter hohen Batterieturm. In seinen beiden unteren Geschossen befinden sich Kammern für schwere Feuerwaffen. Das obere Gewölbe birgt zahlreiche Glasgeräte, seltsame Öfen, Töpfe und Tiegel. Sie gehören zu einem Alchemistenlabor. Dort flackerte, brodelte und zischte es manchmal gewaltig. Die Alchemie war im Mittelalter sehr verbreitet. Die Alchemisten suchten nach dem sagenumwobenen »Stein der Weisen«. Er sollte ihnen Weisheit und ewige Jugend bringen. Später wollten sie aus unedlen Metallen Gold herstellen. Doch das kann niemand. Auch die Grafen von Bentheim haben 1592 ein Alchemistenlabor für Medizinstudenten betrieben.

In ihren Laboratorien suchten die Alchemisten des Mittelalters nach einem Allheilmittel, das die Menschen vor Krankheit und Tod bewahren sollte.

Ein Brunnen aus der Vergangenheit

Die Burg Bentheim ist fast 1000 Jahre alt. Das sieht man ihr nicht an. Viele der einst zerstörten Teile wurden wieder aufgebaut. An die frühen Jahre der Burg aber erinnert der 23 Meter tiefe Brunnen. Der Sage nach soll er das Werk zweier gefangener Ritter sein.

Der mächtige Batterieturm auf Burg Bentheim ist noch heute zu besichtigen.

Im Batterieturm befindet sich ein Alchemistenlabor.

Tödlicher Brunnenbau

Jahrelang schmachteten die Gefangenen in einem dunklen Verlies unterhalb des Pulverturms. Für den Preis ihrer Freiheit boten sie dem Burgherrn den Brunnenbau an. Nach zehn Jahren hatten sie es geschafft. Überglücklich sanken sie sich in die Arme. Dann starben sie vor Anstrengung und Freude.

Burgen-Steckbrief

Burgentyp: Höhenburg
Lage: Sandsteinsockel in Bentheim
Erste urkundliche Erwähnung: 1020
Heute: Museum und Baudenkmal
Sehenswert: Batterieturm, Kapelle, Pulverturm, Kronenburg
Besonderheit: Die Burg ist Wohnsitz der Fürstenfamilie.

BURG BERWARTSTEIN

Tief im Pfälzer Wald erhebt sich auf einem Felsen eine stolze Burg. Möglicherweise reichen ihre Anfänge 1000 Jahre zurück. Genau weiß das aber niemand. Zunächst begannen die Menschen wohl den Felsen zu einer Burg auszubauen. Mühsam hackten sie Höhlen, Treppen und Gänge aus dem Gestein heraus. Drohte Gefahr, flüchteten sie in ihre wehrhafte, versteckte Behausung. Erst später erhielt die Höhlenfestung ihre zusätzlichen Aufbauten.

Die Berwartsteiner kommen

Die Berwartsteiner wurden 1201 Eigentümer der Burg. Ihre nahezu uneinnehmbare Feste war nur über einen Aufstiegskamin zu erreichen. Im Notfall zog man einfach die herabhängenden Treppen und Strickleitern herauf und warf Steine auf die Eindringlinge hinunter. Die Berwartsteiner hatten viele Feinde. Wie die meisten »Raubritter« überfielen sie Kaufleute und drangen in fremde Gebiete ein. 1314 belagerten die geplagten Einwohner von Straßburg und Hagenau die Burg. Nur durch Verrat gelang es, sie einzunehmen. Die Berwartsteiner wurden hart bestraft und verarmten.

Burgen-Steckbrief

Burgentyp: Felsenburg
Lage: Pfälzer Wald
Erste urkundliche Erwähnung: 1152
Ausgebrannt 1591 und wieder aufgebaut 1891
Sehenswert: Höhlengänge, Rittersaal, Folterkammer
Besonderheit: heute einzige bewohnte Burg der Pfalz

Raubritter Hans von Drodt

»Raubritter« gab es aber auch noch später. Ab 1485 herrschte der rauflustige Hans von Drodt auf der Burg. Der ehemalige kurfürstliche Heerführer machte sich über die Dörfer der Abtei von Weißenburg her. Einmal ließ er ein Flüsschen aufstauen – Mühlen und Flößerei wurden geschädigt. Später zerstörte er den Damm wieder – schwere Überschwemmungen folgten. Schließlich zog Drodt mit 2000 Mann vor Weißenburg, verbrannte Dörfer und nahm Gefangene. Gegen Lösegeld ließ er sie wieder frei. Drodts Untaten beschäftigten den Kaiser, das Reich, ja selbst den Papst in Rom. Aber sein Freund, der Kurfürst, deckte den Bösewicht immer wieder, der alsbald Botschafter in Frankreich wurde.

Aufbruch der »Raubritter«

Die Weiße Frau geht um

1591 zerstörte eine Feuersbrunst die Burg. Noch heute erzählt man sich die Sage von der Burgfrau Barbara. Hoch loderten die Flammen – da sprang sie mit ihrem Kind in die Tiefe. Seither soll sie in stillen Nächten auf der Burg erscheinen, um in weißen, wallenden Gewändern wehklagend ihren Sprung zu wiederholen. Gelegentlich ist sie wohl auch zur Geisterstunde in der Burg anzutreffen.

Im Felsen verborgen, liegen die Höhlengänge von Burg Berwartstein.

BURG BURGHAUSEN

Lang, länger, Burghausen. Keine andere deutsche Burg hat so viele Türme, Tore, Häuser und Mauern aufzuweisen. Burghausen ist über 1000 Meter lang. Sie erstreckt sich auf einem Höhenzug zwischen der Salzach und dem Wöhrsee. Die Burghänge fallen 60 Meter steil zum Wasser ab. Nur der Zugang von der Nordseite liegt ebenerdig. Er wird durch ein mächtiges Bollwerk geschützt.

Tiefe Gräben, trutzige Tore

Eigentlich besteht Burghausen aus sechs einzelnen, in sich geschlossenen Burganlagen. Sie sind durch tiefe Gräben und trutzige Torbauten geschützt. Zugbrücken verbinden die hintereinander gruppierten Burghöfe. Diese ausgedehnte Bauweise erfüllte vor allem einen Zweck: Der Feind sollte sich bei der Eroberung der Vorburgen so erschöpfen, dass er die Hauptburg gar nicht erst erreichte.

Als Herzog Georg der Reiche gestorben war, wurden seine Schätze mit über 70 Pferdegespannen abtransportiert.

Großbaustelle Burg Burghausen

Ihre heutige Gestalt erhielt die Burg im 15. Jahrhundert. Angst vor türkischen Angriffen ließ die damaligen Burgherren die Anlage immer stärker befestigen. Zeitweilig sollen über 4000 Maurer, Steinmetze, Zimmerleute und Arbeiter aus ganz Bayern beim Bau beschäftigt gewesen sein. Das war sehr teuer. Aber Herzog Georg »der Reiche« schwamm geradezu im Geld. 100 000 Gulden hat er für den wehrhaften Ausbau der Burg bezahlt. Ein Gulden entspricht dem heutigen Wert von 200 Euro!

Bauarbeiten im Mittelalter

Hochzeit im Geldregen

Unter den Landshuter Herzögen wurde Burghausen Nebenresidenz. Hier verwahrten sie auch ihre Schätze. Vom Reichtum des berühmtesten Burghausener Burgherrn kündete auch seine Hochzeit mit der polnischen Königstochter Hedwig im Jahre 1475. Sie soll 60 000 Gulden verschlungen haben. Die Rechnung wies unter anderem 323 Ochsen, 285 Schweine, 1758 Schafe, 1537 Lämmer, 40 000 Hühner und 194 000 Eier aus.

Burghausen, die längste Burganlage Deutschlands, erstreckt sich über mehr als 1000 Meter.

Kein Erbe in Sicht

Und lohnten sich diese Ausgaben? Für Georg den Reichen offenbar nicht. Aus seiner Ehe gingen keine männlichen Erben hervor, was damals für die Erbfolge wichtig war. Deshalb musste Hedwig ihre Jahre in Burghausen verbringen. Der Landshuter Hof blieb ihr verschlossen. Schlimmer aber war der dadurch ausgelöste Erbfolgekrieg. Er zerstörte weite Teile Bayerns.

Burgen-Steckbrief

Burgentyp: Höhenburg
Lage: Bergrücken an der Salzach
Größe: 1034 Meter lang
Erste urkundliche Erwähnung: 1025
Heute: staatliches Baudenkmal mit Museen
Sehenswert: gesamte Anlage, Foltermuseum
Besonderheit: längste Burganlage Deutschlands

BURG CHILLON

Ist das wirklich eine Burg? Vom bewaldeten Steilhang oben gleicht sie eher einem Schiff. Chillon ist eine Wasserburg. Sie steht auf einem Felsen am Nordufer des Genfer Sees. Von hier aus überwachte sie einst die Straße am Seeufer. Diese führte von den Nordalpen nach Italien. An Chillon kam keiner vorbei. Eine Burg mit Zollstation würde hier viel Geld einbringen.

Burg unter Beschuss! Der Verwalter und seine Soldaten fliehen über den See.

Eine uneinnehmbare Festung

Verwirklicht haben diesen Plan die Grafen von Savoyen. Sie gaben der Anlage ihr heutiges Gesicht: den in der Mitte aufragenden Bergfried und die sich seeseitig reihenden Wohngebäude. Sie sind vom Land her nur schwer anzugreifen. Die bedrohte Landseite dagegen erhielt einen doppelten Mauergürtel. Er wurde durch mehrere Wehrtürme verstärkt. So bildeten Gebäude und Mauern einen geschlossenen Ring, der die Burg vor Feinden sicherte.

Kampflos den Schweizern überlassen

Und doch wurde die Burg einmal eingenommen. Das geschah 1536, als die Schweizer den Savoyern den Krieg erklärten. Zu diesem Zeitpunkt hatten sich die Grafen aber schon längst von ihrer Lieblingsburg zurückgezogen. Die Schweizer stellten am Steilhang Kanonen auf und schossen ein paar Löcher in das Dach der Burg. Da floh der Verwalter mit seinen Soldaten über den See. Kampflos fiel die verlassene Festung an die Eroberer.

Burgen-Steckbrief

Burgentyp: Wasserburg
Lage: Felsen im Genfer See
Erste urkundliche Erwähnung: 1150
Heute: Baudenkmal und Museum
Sehenswert: gesamte Anlage
Besonderheit: Das Bild der Burg ist in der ganzen Welt verbreitet.

Der Gefangene am Pfeiler

Im Untergeschoss der Burg entdeckten die Schweizer einen Kerker. Wasser aus dem See konnte in ihn eindringen. Einer der Gefangenen war der Dichter und Historiker Francois Bonivard. Man fand ihn angekettet an einen Pfeiler. Wie es heißt, hätten seine Füße den Stein um den Pfeiler ausgehöhlt – so lange sei er hier unentwegt in dem engen Kreis herumgeschritten, den seine Ketten zuließen.

Bonivard wurde durch das Gedicht »Der Gefangene von Chillon« berühmt. Geschrieben hat es der englische Dichter Lord Byron.

Chillon, ursprünglich als Burganlage errichtet, gilt heute als Schloss: Château de Chillon.

BURG EISENHARDT

Ländecken, was bist du für ein Sändecken«. Das soll Martin Luther gesagt haben, als er 1530 Belzig besuchte. Belzig liegt im Hohen Fläming. Dort gibt es viel Sand und riesengroße Steine. Wie sind die bloß hierher gekommen?

Hoch ragt der Bergfried von Burg Eisenhardt in den Himmel.

Nur ein Steinwurf

In alter Zeit verdingten sich im Fläming drei Riesen als Bauleute. Der eine baute die Burg von Belzig, der zweite die Wiesenburg und der dritte Burg Rabenstein. Als zwei von ihnen sahen, dass der Turm von Belzig am schnellsten in die Höhe wuchs, schleuderten sie wütend riesige Steine nach ihm. Vergeblich. So liegen sie noch heute als Findlinge im Sand des Fläming. Das jedenfalls behauptet die Sage.

Gefängnis und letzte Zuflucht

Höchstwahrscheinlich übernachtete Martin Luther damals in der Burg. Da hatte sie bereits eine totale Zerstörung hinter sich. Erhalten blieb nur der Burgturm. Er wurde um 1200 als Bergfried erbaut.

Der Belziger Bergfried ist 24 Meter hoch. Er diente als Vorratslager, Gefängnis, Aussichtspunkt, Wehrplattform, vor allem aber als letzte Zuflucht in Angriffs- und Belagerungszeiten. Deshalb ist er auch mit einer Kaminecke und einer Abortnische versehen. Man nannte sie das »haymlich Gemach«. Der Eingang des Turmes befand sich ursprünglich in zwölf Meter Höhe.

Warum der Bergfried Butterturm heißt

Häufig ähnelt der Bergfried einem Butterfass. Deshalb heißt er nicht nur in Belzig »Butterturm«. Vielleicht hat zu dieser Bezeichnung aber auch die Wahl des Bindemittels beim Bau beigetragen: Im Mittelalter gab man dem Kalkmörtel häufig Buttermilch, Magermilch, Eier oder auch Tierhaare bei. Solche Mauern wurden oft hart wie Beton.

Burgen-Steckbrief

Burgentyp: Höhenburg
Lage: Höhenrücken im Fläming
Erste urkundliche Erwähnung: 997
Heute: Baudenkmal und Museum
Sehenswert: Bergfried, Brunnen, Kapelle
Besonderheit: größte Höhenfestung Norddeutschlands

Eisenhar(d)te Grenzfestung

Später erhielt die Burg den Namen »Eisenhardt«. Er sollte ihre Stärke ausdrücken: 1465 war aus der mittelalterlichen Anlage eine mächtige Grenzfestung mit sieben runden Ecktürmen geworden. Das hielt die Schweden aber nicht davon ab, ihr 1636 schwer zuzusetzen. 1712 übernachtete der russische Zar Peter I. auf der Festung. Da war sie aber schon wieder in Stand gesetzt.

Der Bergfried bot Schutz vor den Angreifern.

BURG ELTZ

Eine Märchenburg wie aus dem Bilderbuch! Umgeben von viel Grün, ragen die verschachtelten Gemäuer, steilen Dächer und spitzen Türmchen im engen Elzbachtal auf. So und nicht anders stellen wir uns eine mittelalterliche deutsche Musterburg vor. Wohl deshalb zierte Eltz auch jahrelang den 500-DM-Schein.

Allen gehört alles

Erster und alleiniger Burgherr war Rudolf von Eltz. Der kaiserliche Dienstmann bewohnte Mitte des 12. Jahrhunderts die damals noch kleine Turmburg am Elzbach. Doch bald schon begann sie zu wachsen. Und das kam so: 1268 spaltete sich die Familie des Grafen Eltz in drei Hauptlinien. Um Erbstreitigkeiten zu vermeiden, teilten sie Burg und Güter unter sich auf. Eltz wurde zu einer so genannten Ganerbenburg. In ihr lebten fortan mehrere Linien des Hauses Eltz in einer Erb- und Wohngemeinschaft zusammen. Burgfriedensbriefe regelten ihr Miteinander.

Eine Burg mit 100 Räumen

Jede Linie des Hauses Eltz baute im Laufe der Jahrhunderte ihr eigenes Anwesen aus. Viel Platz bot das kleine Felsenplateau allerdings nicht. So entstand schließlich eine Randhausburg. Ihre acht hoch aufragenden Wohntürme gruppierten sich eng um den Innenhof. Sie hatten mehr als 100 Räume. Auf Eltz lebten bis zu 100 Familienmitglieder. Hinzu kamen etwa ebenso viele Bedienstete.

Die Eltzer Fehde

Eltz diente von Anfang an mehr als Wohnsitz denn als Befestigungsanlage. Dennoch war die Burg ausgesprochen wehrhaft.

Im Schlafgemach gab es auch einen Kapellenerker.

Das bekam Kurfürst Balduin in den Jahren 1331–36 zu spüren. Damals sahen die freien Reichsritter ihr uraltes Recht auf Fehde gefährdet. Nach diesem Recht durften sie ihre Streitigkeiten mit dem Schwert regeln. Die Ritter gründeten ein Bündnis. Balduin wollte es zerschlagen. 1331 zog er auch vor die Burg Eltz. Doch der Sturm misslang.
Da ließ der Kurfürst auf einem Hügel gegenüber eine kleine Belagerungsburg errichten. Von ihr aus wurde Eltz mit Schleudergeschützen bekämpft.

Burg Eltz gilt als eine deutsche Musterburg.

Der Eltzer Friede

Die Belagerung dauerte mindestens zwei Jahre. Sie endete siegreich für Balduin mit dem 1336 geschlossenen Eltzer Frieden. An die einzige militärische Auseinandersetzung der Eltzer erinnern noch heute die Steinkugeln der Schleudergeschütze im Innenhof der Burg.

Burgen-Steckbrief

Burgentyp: Höhenburg, Randhausburg
Lage: Felsenplatte über dem Elzbachtal in Rheinland-Pfalz
Erste urkundliche Erwähnung: 1157
Heute: restauriert und zu besichtigen
Sehenswert: Rittersaal, Schlafgemach, Schatzkammer, historische Küche
Besonderheit: seit 33 Generationen in über 800 Jahren im Besitz der gleichnamigen Familie

BURG FALKENSTEIN

Mehr als 900 Jahre bewacht diese Burg schon den Ostharz. Und doch ist sie die »neue«. Die »alte« Burg Falkenstein wurde 1115 zerstört. Sie gehörte zu den von Kaiser Heinrich IV. im Harz errichteten Wehranlagen. So also entstand eine neue Burg Falkenstein. Burchard von Konradsburg ließ sie auf einem Felsrücken bauen. Wenig später nannte er sich »von Falkenstein«. Ab 1155 führten die Falkensteiner den Grafentitel.

Der Graf gibt den Ton an

Was machte der Graf von Falkenstein den ganzen Tag? Er prüfte Dienste und Abgaben, schlichtete Streitigkeiten, gab den Hochzeitssegen und achtete darauf, dass die Burg wehrhaft blieb. Die Bewohner der Dörfer mussten auf seinen Feldern arbeiten und von ihren eigenen Äckern und ihrem Vieh Naturalabgaben an ihn leisten. Auch waren sie zu Diensten auf der Burg verpflichtet. Den Grafensitz Falkenstein umringten in seinen besten Jahren etwa 30 Ortschaften und 15 Feudalsitze, Kapellen, Mühlen und Bergwerke. Das war zwischen 1200 und 1250.

Gewohnheit ist Recht

In dieser Zeit wurde Falkenstein weit über den Harz hinaus bekannt. Das ist dem damaligen Burgbesitzer Hoyer von Falkenstein zu verdanken. Der Graf veranlasste den Ritter Eike von Repgow das damals geltende Recht aufzuzeichnen. Im Mittelalter galt als Recht, was Gewohnheit war. Gewohnheit war beispielsweise »Wer zuerst kommt, mahlt zuerst«. Repgow schrieb viele solcher Regeln nieder. Er hielt auch fest, wer beim Zusammentreffen zweier Fuhrwerke in den engen Gassen Vorfahrt hatte. Oder wem die Früchte gehören, die über den Gartenzaun hinauswachsen. Der »Sachsenspiegel« spiegelte den Rechtsbrauch. Er wurde Vorbild für viele weitere Rechtsbücher.

Burgen-Steckbrief

Burgentyp: Höhenburg, Randhausburg
Lage: Selketal im Ostharz
Erste urkundliche Erwähnung: 1115
Heute: Baudenkmal und Museum
Sehenswert: Kernburg, Tore, Wohnturm, Küche
Besonderheit: Die alte Schwarzküche wird mitunter in Betrieb genommen.

Die Bauern liefern ihre Abgaben auf der Burg ab.

Eine Märchenburg wie im Kino

200 Jahre haben die Falkensteiner an ihrer Burg gebaut. Dann besaßen sie eine fast uneinnehmbare Bergfeste. Eine 17 Meter hohe Schildmauer schützte sie. Den Zugang zur Hauptburg sicherten sieben Tore, fünf Zwinger und drei tiefe Gräben. Dennoch wurde sie einmal erobert. Doch das haben die Falkensteiner schon nicht mehr erlebt. Ihr Geschlecht erlosch 1334. Seit dieser Zeit hatte die Burg wechselnde Besitzer. Vor wenigen Jahren war sie sogar im Kino zu sehen – als Kulisse zahlreicher Märchenfilme.

Burg Falkenstein heute

BURG HOCHOSTERWITZ

So viele Tore hat keine andere Burg! Vierzehn sind es und jedes trägt einen eigenen schönen Namen. Fähnrichtor heißt das erste, Engelstor das vierte, Löwentor das fünfte, Kirchentor das dreizehnte. Jedes Tor ist anders, aber alle sind sie befestigt. Sie versperren den Weg hinauf zum Plateau. Dort, in 150 Meter Höhe, lockt das Burggebäude. Es steht auf einem steil nach allen Seiten abfallenden Felsen.

Waffen für 700 Mann

Furcht vor Türkenangriffen war der Hauptgrund für den aufwändigen Ausbau der rund 1000 Jahre alten Burg. Aber auch die immer wirkungsvolleren Feuerwaffen trugen zu einem neuen Schutzbedürfnis bei. Sie läuteten das Ende des Rittertums ein. Im 16. Jahrhundert erhielt die Burg den stolzen Titel »Haupt Vestung«. In ihrer Rüstkammer lagerten einst Waffen für 700 Mann: 33 Geschütze, 365 Büchsen, 135 Hellebarden, 102 Streitspieße, Degen und »Halskrausen«. Das sind an einer langen Stange angebrachte runde, vorne offene und innen mit Spitzen gespickte Stahlfedern, mit denen man die Köpfe von Eindringlingen einfing.

Tor für Tor eine Festung

Der 600 Meter lange Weg hinauf zur Burg umkreist den Berg in vielen Windungen. Dabei überbrückt er Schluchten und lehnt sich an Felswände. Gesichert wird er von den 14 Toren, die jedes für sich erobert werden mussten. Dabei war der Angreifer aber von allen Seiten einem Angriff ausgesetzt. Und wer tatsächlich bis zum letzten vorgedrungen wäre? Der hätte bei hochgezogener Zugbrücke erst einen tiefen Graben überwinden müssen.
Dann wäre er an ein vielfach verriegeltes Tor gekommen. Von ihm konnte ein schwerer, gespitzter Fallbaum herabgelassen werden. Im Tor selbst prasselten Steine auf den Angreifer nieder. Ein Fallgatter und ein weiteres Tor waren das letzte Hindernis.

Burgen-Steckbrief

Burgentyp: Höhenburg
Lage: frei stehender Felsen in Kärnten, Österreich
Erste urkundliche Erwähnung: 860
Heute: Baudenkmal und Museum
Sehenswert: Tore, Kapelle, Rüstkammer, Waffensammlung
Besonderheit: seit 1571 im Besitz der Familie Khevenhüller

Sturm auf das Khevenhüllertor

Die List mit dem Stier

Diese Burg konnte man nur durch Belagern erobern! Die Herzogin von Tirol soll es einmal versucht haben. Nach Monaten griffen die Verteidiger zu einer List. Sie schlachteten ihren letzten mageren Stier, füllten ihn mit Brot und den anderen restlichen Lebensmitteln und warfen ihn in die Tiefe. Die Belagerer glaubten, was sie glauben sollten: dass es den Verteidigern gut ging und dass sie es noch lange dort oben aushalten könnten. Die List gelang. Aber sie gehört ins Reich der Legende.

Vierzehn Tore führen hinauf zum Burggebäude von Burg Hochosterwitz.

BURG HORNBERG

Das Jahr 1771 war für den damals noch jungen Dichter Johann Wolfgang von Goethe ein großes Jahr. Innerhalb von nur sechs Wochen schrieb er ein Schauspiel. Er nannte es »Götz von Berlichingen mit der eisernen Hand«. Es machte ihn über Nacht bekannt. Die Idee für sein Drama hatte Goethe einem 1731 erschienenen Buch entnommen. Es hieß »Lebensbeschreibung des Herrn Gözens von Berlichingen«. Dieser edle Herr hatte es kurz vor seinem Tod 1562 einem Pfarrer diktiert. Das geschah auf der Burg Hornberg.

Hornberg ist heute eine sehenswerte Burgruine mit angeschlossenem Hotel.

Der Ritter mit der eisernen Hand

Götz von Berlichingen gab es also wirklich. Seine Burg Hornberg in Baden-Württemberg ist fast 900 Jahre alt. Sie entstand auf einem Felsen hoch über dem Neckartal. Dem Ritter gehörte sie seit 1517. Da besaß er schon längst eine »eiserne« rechte Hand. Seine richtige war ihm im Alter von 24 Jahren von einem verbündeten Soldaten versehentlich abgeschossen worden. Also ließ sich Götz eine künstliche schmieden. Damit konnte er sogar wieder das Schwert führen.

Ein Meister der Fehden

45 Jahre seines Lebens verbrachte der Ritter auf Hornberg. Die meiste Zeit aber war er unterwegs. Götz lebte vom mittelalterlichen Fehdewesen. Fehden dienten den Rittern zur Durchsetzung ihrer Interessen. Nur selten kämpften sie direkt miteinander. Man zog es vor, seine Feinde zu berauben. Götz von Berlichingen war darin ein Meister. Die Fehden brachten ihm sehr viel Geld ein. Häufig wurde er aber auch bestraft. In den Bauernkriegen führte er einmal eine Bauernhorde an. Dafür kam er in Haft. Später kämpfte der Ritter für den Kaiser.

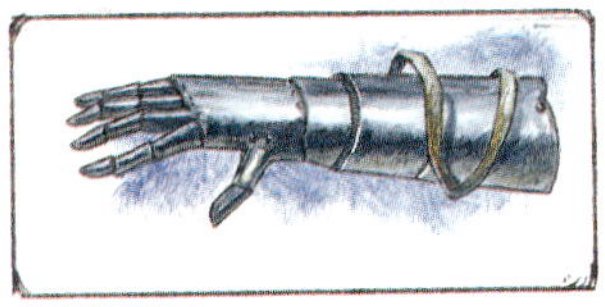

Die Rüstung im Palas

Was trieb Götz, wenn er doch einmal auf seiner Burg weilte? Dann stieg er vielleicht auf den 33 Meter hohen Bergfried und genoss den herrlichen Blick über das Neckartal. Oder er schaute im Pulverturm nach dem Rechten. Der explosionsgefährdete Turm steht sicherheitshalber außerhalb der Hauptburg. Im Winter wird sich der Burgherr im Palas gewärmt und sehnsüchtig seine Rüstung betrachtet haben, die sich noch heute auf der Burg befindet.

»Den Helm bitte für Herrn Götz von Berlichingen!«

Burgen-Steckbrief

Burgentyp: Höhenburg
Lage: über dem Neckar bei Neckarzimmern
Erste urkundliche Erwähnung: 1184
Heute: Burgruine mit angeschlossenem Hotel
Sehenswert: Bergfried, Burgkapelle, Palas
Besonderheit: Götz von Berlichingens Original-Rüstung im Museum

BURG KRIEBSTEIN

Es ist der 4. Oktober 1384. Dietrich von Beerwalde taucht feierlich seine Feder ins Tintenfass und schreibt einen Brief. Darin tut er kund, dass sein Landesherr ihm gestattet hat den »Krywensteyen« – den Kriebstein – ausbauen zu dürfen. Der Herr ist der Markgraf von Meissen. Dietrich gelobt Dankbarkeit. Er verspricht seinem Herrn die Burg in Kriegs- und Fehdezeiten als Zufluchtsort oder als Stützpunkt offen zu halten.

Ein Turm wächst in den Himmel

Dietrich hatte gute Handwerker. Schon kurze Zeit später erhob sich auf der höchsten Klippe des von der Zschopau umflossenen Kriebsteins der mächtige Wohnturm. Er ist 45 Meter hoch. 1408 dürfte die Anlage im Wesentlichen fertig gewesen sein. Das war auch das Jahr, in dem Dietrich von Beerwalde starb. Sein Schwiegersohn Apel Vitzthum der Ältere übernahm die Herrschaft. Ereignisreiche Jahre folgten.

Die Rettung der Ritter

1415 eroberte der Ritter Dietrich von Staupitz die Burg. Darauf begannen die Mannen des Landesherrn den Felsen zu belagern. Nach sechs Monaten ergab sich Dietrich. Der Sage nach hatte kurz zuvor seine Gemahlin vom Markgrafen die Erlaubnis erhalten, dass wenigstens die Frauen mit dem Kostbarsten, was sie auf ihrem Rücken tragen könnten, abziehen dürften. Wie staunte der Markgraf, als tags darauf die Frauen ihre Männer auf dem Rücken hinausschleppten. Nach damaliger Rechtsprechung verdiente Dietrich eigentlich den Tod. Aber der Markgraf war von dieser List so beeindruckt, dass er ihn nur ins Gefängnis sperrte.

Die Urfehde

Nach sieben Jahren war Dietrich wieder frei. Gemeinsam mit seinen drei Söhnen schwor er Urfehde. Mit diesem Eid beschworen alle aus dem Gefängnis Entlassenen sich nicht zu rächen.

Die Frauen trugen ihre Männer aus der Burg, erzählt eine Sage.

Burgen-Steckbrief

Burgentyp: Höhenburg, Ringburg
Lage: Felsen über der Zschopau in Mittelsachsen
Erste urkundliche Erwähnung: 1384
Heute: Baudenkmal und Museum
Sehenswert: Kapelle, Gotische Halle, Kriebsteinzimmer
Besonderheit: vollständig erhaltener Baukomplex aus der Zeit der Gotik

Auf steilem Felsen, hoch über der Zschopau, erhebt sich die Burg Kriebstein.

Das Ende des Burgherrn

Drei Jahre später stand Apel Vitzthum der Ältere vor dem Richter. Er wurde der Untreue angeklagt und hingerichtet. Nun ging es auf Kriebstein wieder ruhiger zu. Die Burg wurde mehrmals verkauft und ausgebaut.

MARKSBURG

Eine Burg, die es zweimal gibt? Natürlich, die Marksburg. Die eine ist über 800 Jahre alt. Sie erhebt sich auf einem Felskegel nahe Braubach. Von ihren Türmen reicht der Blick weit über den Rhein. Die andere Marksburg ist noch keine zehn Jahre alt. Sie steht in Japan, an der zerklüfteten Küste der Insel Miyako. Von ihren Türmen schaut man auf eine türkisfarbene Meeresbucht.

Ein heiles Stück Mittelalter

Was gefällt den Japanern an der Marksburg? Dass sie so mächtig und trutzig wirkt? Dass sie die einzige unzerstörte Höhenburg am Mittelrhein ist? Oder dass ihre Räume besonders viel vom ritterlichen Leben vermitteln? Jedenfalls so, wie es sich die meisten von uns vorstellen. Da ist der Rittersaal, der oft aber kalt und ungemütlich war. Hier tafelten und schwafelten die Ritter. In der Kemenate schlief die Herrschaft. Sie war häufig der einzig beheizte Raum der Burg. Und in der riesigen Küche hingen die Kessel an so genannten Zahnstangen. Sollte das Essen nicht verbrennen, musste schon mal »ein Zahn zugelegt werden«.

Im Steinhagel

Ungebetene Gäste kamen bestenfalls bis an das letzte der drei Burgtore. Über ihm befindet sich ein Vorbau, der Wurferker. Aus ihm konnte man – selbst gut geschützt – Steine auf die Angreifer fallen lassen. Manch einer von ihnen wurde auch auf die Burg gebracht. Der fand sich bisweilen zu seinem Schrecken im Verlies wieder.

Die Rüstkammer ist angefüllt mit den verschiedensten Waffen. Sie zeigt auch, was die Ritter trugen, als ihre Zeit schon fast vorüber war: den Kürass, den Brustpanzer der »späten« Ritter.

Prost! Im Rittersaal wird gefeiert.

Späte Rittermode: der Kürass

Zauberpflanzen im Garten

Die Marksburg besitzt auch einen kleinen Garten. In Burggärten zog man vor allem Heilkräuter, Obst und Gemüse. Der jetzige Burggarten ist erst wenige Jahrzehnte alt. Darin wachsen Hexen- und Zauberpflanzen, Pflanzen des Aberglaubens, natürlich auch Heilpflanzen und Würzpflanzen. Krankheiten wurden im Mittelalter meist mit Kräutern behandelt. Schon im 12. Jahrhundert kannte man die Wirkung mehrerer hundert Pflanzen.

Die Marksburg ist der Sitz der Deutschen Burgenvereinigung e. V.

Ein warmes Plätzchen in der Kemenate

In der Küche wurde über offenem Feuer gekocht.

Burgen-Steckbrief

Burgentyp: Höhenburg
Lage: über Braubach am Mittelrhein
Erste urkundliche Erwähnung: 1231
Heute: Baudenkmal und Museum
Sehenswert: Kemenate, Kapelle, Küche, Rüstkammer, Kanonen
Besonderheit: Sitz der Deutschen Burgenvereinigung e. V.

BURG MONTCLAIR

Dieser seltsame Name tauchte erstmals 1190 auf. In jenem Jahr bestätigte der Papst dem Erzbischof von Trier den Besitz eines steil abfallenden Bergrückens mit dem Namen »mons clarus«. Das ist Lateinisch und bedeutet »heller Berg«. Auf diesem Berg stand eine Burg. Und es war nicht die erste.
Schon vor über 1600 Jahren suchten die Menschen auf diesem Berg Schutz, wenn die Germanen einfielen. Dann versteckten sie sich in einer einfachen Fliehburg. Die erste richtige Burg entstand hier 600 Jahre später. Sie hieß Skiva und war eine Turmhügelburg. Skiva wurde 1016 zerstört.

Als die Wasserquelle versiegte

Im 12. Jahrhundert wuchs auf dem Bergrücken eine mächtige Höhenburg. Die Herren von Montclair bauten sie zu einer gewaltigen Anlage aus mit Wehrtürmen und Gräben. Hier fühlten sie sich sicher. So plünderten sie, kassierten auf der Saar Zoll und unterdrückten die Untertanen des Erzbischofs. Voller Zorn wurde Montclair belagert. Erst als man die Verteidiger von ihrer Wasserquelle abschneiden konnte, gelang es 1351, die Burg einzunehmen und zu zerstören.

Klein, aber wehrhaft

1439 trug der Berg erneut eine Burg. Sie war klein und rechteckig. An der Angriffsseite besaß sie zwei stattliche Wohntürme und zur alten Burg hin zwei kleinere Ecktürme. Burgherr war Arnold von Sierk. Aber ebenso wie sein Nachfolger nutzte er sie nur in Kriegs- und Belagerungszeiten. Langsam begann Neu-Montclair zu verfallen.

Burgen-Steckbrief

Burgentyp: Höhenburg
Lage: Saarschleife bei Mettlach
Erste urkundliche Erwähnung: 1190
Heute: Baudenkmal und Museum
Sehenswert: gesamte Anlage
Besonderheit: Die Burg ist nur zu Fuß oder per Fahrrad zu erreichen.

Die bienenfleißigen Verteidiger

Neu-Montclair wurde nie zerstört. Das hat einen einfachen Grund. Während ihrer letzten Belagerung fanden die völlig ausgehungerten Burgleute auf der Suche nach etwas Essbarem Bienenkörbe. Als die Feinde wieder angriffen, stießen sie die Körbe mit den summenden Bienen die Mauer hinunter. Die Angreifer, so behauptet die Sage, flohen entsetzt.
Ein Glücksfall für die Burg war der spätere Preußenkönig Friedrich Wilhelm IV. 1835 besuchte er die verfallenen Gemäuer und war tief beeindruckt. Also setzte er sich dafür ein, dass die Ruine auf Staatskosten restauriert wurde.

Skiva war eine Turmhügelburg, auch »Motte« genannt.

Montclair liegt auf einem von der Saarschleife umschlossenen Berg.

ALTE BURG PENZLIN

Diese Burg am Stadtrand von Penzlin in Mecklenburg ist sehr klein. Auch ihre Geschichte ist wenig aufregend: Erbaut wurde sie vermutlich um 1220. Später war sie der Stammsitz des Rittergeschlechts derer von Maltzan. Bis, ja, bis dieses verflixte 16. Jahrhundert kam. Mit ihm begann auch im deutschen Raum die Zeit der Hexenverfolgungen.

Die Alte Burg Penzlin heute

Damals glaubten die Menschen noch an die bösen Kräfte von Hexen. Man fürchtete sich vor den Teufelswesen und wollte sie vernichten. Fast 4000 Hexenprozesse gegen mehr als 3700 Frauen, Männer und sogar Kinder gab es in Mecklenburg. Einige davon fanden in der Alten Burg Penzlin statt. Über die Hälfte der »Hexen« und »Hexer« verurteilte man zum Tode. So wurden viele unschuldige Menschen auf dem Scheiterhaufen verbrannt.

Burgen-Steckbrief

Burgentyp: Niederungsburg
Lage: Penzlin in Mecklenburg-Vorpommern
Erbaut: vermutlich um 1220
Heute: aufwändig saniertes Denkmal und Museum
Sehenswert: Schwarzküche, Hexenverliese
Besonderheit: Hexenmuseum

Hinab in die Hexenkeller

Über eine steile Treppe gelangt man direkt in die Hexenkeller mit ihren fensterlosen, düsteren Verliesen. Kalt ist es hier unten sieben Meter tief unter der Erde. Die Keller besitzen in die Wände eingelassene, einzelne schmale Nischen. Hier wurden die vermeintlichen Hexen verwahrt. Sie waren an Hals, Brust, Armen und Füßen gefesselt. Noch heute kann man die Eisenbeschläge sehen. Der Fußpunkt der Nischen ist 78 Zentimeter hoch. Ohne Verbindung mit dem Erdboden sollten die Hexen ihre magische Kraft verlieren. Der Erdboden galt als Machtbereich des Teufels. Die Nischen konnten wahrscheinlich mit Türen verschlossen werden. Denn man wollte sich vor dem bösen Blick der Hexen schützen.

Der Hexenhammer

Die Nischen im Hexenkeller waren so angelegt, wie der »Hexenhammer« sie vorschrieb. So hieß das 1487 erschienene Handbuch für Hexenverfolgungen. Darin wurden die »Verbrechen« der Hexen aufgelistet und Anweisungen für die Hexenprozesse gegeben. Dazu gehörten auch Angaben darüber, wie man Hexen erkennt. Bei Trina Schlorff war es der »böse Blick, der zwei Gänse sterben ließ und das Bier ungenießbar machte«. Bevor die arme Frau auf den Scheiterhaufen kam, wurde sie gefoltert. Auch das verordnete der »Hexenhammer«.

Instrumente des Schreckens

Im düsteren Folterkeller der Alten Burg stehen noch zahlreiche Instrumente des Schreckens: der Daumenstock, mit dem man die Folter gewöhnlich begann. Natürlich auch die Streckbank und der mit Eisendornen besetzte Folterstuhl. Selbst das Kreuz, an dem den Unglücklichen die Achselhöhlen ausgebrannt wurden. Um ihr Jammergeschrei zu unterdrücken, steckte man ihnen einen Knebel in den Mund.

Nische im Hexenkeller

PFALZGRAFENSTEIN

So ein Ärger für Papst Johannes XXII! König Ludwig von Bayern hatte doch tatsächlich auf einem Felsenriff mitten im Rhein einen Turm errichten lassen, um von den Schiffern leichter Zoll zu kassieren. Dieser Turm war fünfeckig und 36 Meter hoch. Das geschah 1327 nahe der Ortschaft Kaub. Was hatte der Papst eigentlich dagegen? Er fürchtete um seine eigenen Zolleinnahmen. Denn auch die Kirche besserte ihre Kasse durch Zölle auf.

Ein steinernes Schiff

Der Zollneid im Rhein zeugt vom Kampf zwischen Kirche und Staat. Er ist typisch für das Mittelalter. In diesem Fall verlor ihn der König. Den Zollturm hatte er noch ausbauen lassen. Jetzt umgab ihn eine sechseckige, zwölf Meter hohe Mauer mit Wehrgang. Sie sollte die Zollburg auch vor Hochwasser schützen. Diese erhielt so die Form eines Schiffsrumpfes.

Eingesperrt im Brunnenschacht

Brunnenverlies

Näherte sich ein Schiff der »Pfalz«, so ertönten Trompetenstöße, später Glockensignale. »Bitte sofort anhalten!«, hieß das. Damals verlief die Schiffsroute zwischen Burg und Stadt. Es war leicht, die Durchfahrt zu kontrollieren. Konnten die Schiffer ihren Tribut nicht bezahlen, brachte man sie auf die Burg und ließ sie in einen neun Meter tiefen Brunnenschacht hinab. Dort mussten sie auf einem Floß so lange ausharren, bis jemand kam und sie auslöste. Und wer bezahlt hatte? Der war auch nicht unbedingt glücklich: Schon wenige Kilometer weiter kam die nächste Zollstelle.

Trompetensignale forderten die Schiffe zum Anhalten auf.

Kanonen gegen Schiffe

1607 wurde die »Pfalz« abermals umgebaut. Kurfürst Friedrich IV. ließ die von Eis bedrohte Südspitze der Ringmauer verstärken. Darüber entstand eine Geschützbastion. Nun konnte man die stromaufwärts fahrenden Schiffe mit Kanonen zum Anhalten zwingen. Schießscharten, Auslug-Erker und ein zweiter Wehrgang brachten der »Pfalz« den Ruf als uneinnehmbare Bastion ein.

Pfalzgrafenstein liegt mitten im Rhein.

Brückenpfeiler »Pfalz«

Die »Pfalz« ist nie zerstört worden. Dabei hatte sie eine große militärische Bedeutung: 1814 setzte der preußische Feldmarschall Blücher bei der Verfolgung Napoleons mit 83 000 Soldaten und 312 Geschützen über den Rhein. Das war nur möglich, weil er von seinen Soldaten eine schwimmende Notbrücke bauen ließ. Die Pfalz-Insel bildete den Stützpunkt in der Mitte.

Burgen-Steckbrief

Burgentyp: Wasserburg, Zollburg
Lage: Felseninsel bei Kaub im Rhein
Größe: ca. 50 x 20 Meter
Erste urkundliche Erwähnung: 1327
Heute: Baudenkmal und Museum
Sehenswert: gesamte Anlage
Besonderheit: Anfahrt mit Fähre nur bei normalem Wasserstand

BURG PRUNN

Siebzig Meter über dem Altmühltal, auf einem schmalen, senkrecht abfallenden Felssporn, thront Burg Prunn. Ein zwanzig Meter breiter und neun Meter tiefer Graben trennt sie vom Hinterland. Wer sollte diese Burg je erobern? Oder ihre Mauern auch nur einmal auf einem Pferd umreiten?

Der springende Schimmel, das Wappenzeichen der Ritter von Frauenberg, prangt weithin sichtbar an der Burgmauer.

Der »Schimmel zu Prunn«

Viele wagten diesen entsetzlichen Ritt. Er war die Bedingung des Burgherrn, um die Hand seiner schönen Tochter anhalten zu dürfen. Aber alle Bewerber stürzten am Steilabfall des Palas in den Abgrund. Eines Tages erschien ein weiterer todesmutiger Ritter. Kühn und mit einem geheimen Tipp des schönen Burgfräuleins ausgestattet, gelang ihm das Wagnis. Zum Andenken ließ er einen springenden Schimmel an die Außenmauer malen. Dort ist er heute noch zu sehen.
Natürlich ist diese Geschichte eine Sage. Und das aufgemalte Pferd? Es ist das Wappen der Ritter von Frauenberg. Ihnen gehörte die Burg von 1338 bis 1567.

Ein grandioser Turniersieger

Der berühmteste Frauenberger war Hans der »Freudige« von Prunn. Er galt als einer der besten Turnierkämpfer seiner Zeit. In den Turnieren wollten die Ritter ihr Können beweisen. Hans der »Freudige« war angeblich in 360 Kämpfen mit dem Schwert unbesiegt geblieben. Ein Ritterschwert bestand hauptsächlich aus Stahl.
Es wog etwa 1,3 kg.

Burgen-Steckbrief

Burgentyp: Höhenburg
Lage: Bergsporn im unteren Altmühltal
Größe: 60 x 30 Meter
Erste urkundliche Erwähnung: 1037
Heute: Baudenkmal mit sehenswertem Museum
Sehenswert: Bergfried, Kemenate, Kapelle, Palas
Besonderheit: Die Burg wird oft auch als Schloss bezeichnet.

Der Tjost war ein beliebter Zweikampf im Turnier.

Wertvolle Handschrift entdeckt

Die Frauenberger hatten aber auch Sinn für Schönes. An ihren vornehmen höfischen Lebensstil erinnern Reste von Wandmalereien aus dem 14. Jahrhundert. Noch wertvoller ist eine andere ihrer Hinterlassenschaften. Es handelt sich um eine 1567 entdeckte Handschrift des Nibelungenliedes. Sie befindet sich heute in der Staatsbibliothek München. Das Nibelungenlied ist ein sehr bedeutender mittelalterlicher Heldengesang.

RUNNEBURG

Eigentlich sollte es diese Burg gar nicht geben. Doch die Landgräfin von Thüringen bestand auf einer »Herberge« zwischen der Wartburg im Westen und der Neuenburg im Osten. 1168 begann man mit dem Bau. Aber unglücklicherweise lag die Baustelle im Machtbereich anderer Herrscher. Die Grafen von Beichlingen beschwerten sich beim Kaiser. Friedrich I. Barbarossa verbot öffentlich den Weiterbau. Heimlich aber erlaubte er das begonnene Werk fortzusetzen. Immerhin war die Landgräfin Jutta Claricia seine Halbschwester. Sie genoss großes Ansehen.

Mittelalterliche Fußbodenheizung

Auf mittelalterlichen Burgen war es im Winter bitterkalt. Mit Kaminen beheizte man oft nur die Kemenaten, das heißt die Räume der Frauen, manchmal auch den Rittersaal. Die Runneburg aber besaß eine Steinofenluftheizung. Die zählte damals zum größten Luxus und funktionierte so: Ein kleiner Feuerungsraum war durch zwei tonnenartige Gewölbe überbaut. Eine runde Öffnung verband ihn mit dem Fußboden des darüber liegenden Raumes. Wurde geheizt, war die Öffnung verschlossen. Dann erhitzten sich die Gewölbesteine und die Luft zwischen den Gewölben. Nach dem Öffnen des Verschlusses wurde diese Warmluft abgegeben.

Angriff mit der Steinschleuder

Zweimal, 1204 und 1212, hatte sich die Runneburg als stärkste thüringische Befestigungsanlage erwiesen. Anlass der Kämpfe waren Thronstreitigkeiten. Besonders hart waren sie 1212. Damals versuchte Kaiser Otto IV. die Burg mit einer neuen Waffe zu erobern: der Blide. Das war eine gewaltige Steinschleuder. Die Blide zählte zu den wirksamsten Wurfmaschinen des Mittelalters und rief großes Entsetzen hervor. Doch kurz vor Einnahme der Burg brach Otto IV. die Belagerung ab.

Steinofenluftheizungen wie diese waren in mittelalterlichen Burgen äußerst selten.

Burgen-Steckbrief

Burgentyp: Ringburg, prachtvolle Residenz
Lage: Thüringer Becken bei Weißensee
Größe: ca. 1,5 ha große Innenfläche
Erste urkundliche Erwähnung: 1168
Heute: wird restauriert und baulich saniert
Sehenswert: Toranlage, Wohnturm, Palas, Luftheizung, Ringmauer
Besonderheit: originalgetreu nachgebaute Steinschleuder

Die Blide im Einsatz

Gewaltiger Koloss

Eine solche Kriegsmaschine kann man auf der Runneburg besichtigen. Vermutlich ist sie einer der weltweit größten, originalgetreuen Nachbauten einer Blide. 18 Meter hoch und 30 Tonnen schwer ist das gewaltige Gerät. Es befördert 90 Kilogramm schwere Steine 300 Meter weit. Die Blide wurde von acht kräftigen Männern bedient. In einer Stunde konnte immer nur ein Schuss abgegeben werden.

Jedes Jahr zu Pfingsten und an anderen besonderen Tagen wird die Blide auf der Runneburg vorgeführt. Wenn es gerade geregnet hat, bohrt sich die Steinkugel im Zielgebiet metertief in den Boden. Bei trockenem Wetter springt sie wie ein Ball auf und ab.

BURG STOLPEN

Stolpen? Dort soll es früher oft »wüst zugegangen sein. Von Kampf und Folter, Marter, Not und Tod vieler Gefangener wissen die grauen Mauern zu erzählen.« Diese Mauern sind heute nur noch halb so hoch. Stolpen ist eine Ruine. Die über 800 Jahre alte Burg thront auf einem Basaltkegel. Sie schützte das Örtchen Stolpen. Hier kreuzten sich einst zwei bedeutende Fernhandelswege. Der sorbische Name Stolpen bedeutet »Säulen«. Gemeint sind Basaltsäulen. Sie hatten sich vor 30 Millionen Jahren aus Lava gebildet.

Brunnenbau mit Hindernissen

Fast alle noch heute existierenden Bauten der Burg bestehen aus Basalt. In dieses sehr harte Gestein haben Bergleute einst einen Brunnen getrieben. Das war unglaublich mühsam. Erst erhitzten sie den Basalt. Danach wurde er mit kaltem Wasser abgeschreckt. Dann sprang das Gestein an seiner Oberfläche auf. In die feinen Risse schlugen die Knappen ihre Meißel. Täglich kamen sie nur einen Zentimeter voran. Erst in 82 Meter Tiefe stießen sie auf Wasser. Das war 1630, nach 22 Jahren Bauzeit.

Burgen-Steckbrief

Burgentyp: Höhenburg
Lage: Lausitzer Hügelland
Länge: 220 Meter
Erste urkundliche Erwähnung: 1222
Heute: denkmalgeschütztes Bauwerk und Museum
Sehenswert: Coselturm, Folterkammer, Brunnen
Besonderheit: Der Burgbrunnen zählt zu den tiefsten in Basalt geschlagenen Brunnen (82 Meter Tiefe).

Folter oder Kerker?

Auch die Folterkammer hat die Zeiten überstanden. Folter gehörte allerdings erst zur nachmittelalterlichen Rechtsprechung und war sehr grausam. Damals genügte für die Verurteilung eines Angeklagten sein Geständnis. Der Folterknecht sollte es erzwingen. Er nahm den Gefangenen unter »strengstes Verhör«. Auch die Urteile wurden häufig mittels der Folter vollstreckt. Glück hatte, wer seine Strafe im Kerker absitzen durfte. Auf Stolpen ist das ein sieben Meter tiefes Loch. Es öffnet sich im Erdgeschoss des Johannisturms.

Vor dem Brunnenbau wurde das Wasser mit Ochsenkarren auf die Burg Stolpen gebracht.

Die Türme auf der Burg Stolpen sind aus Basalt gebaut und daher heute noch gut erhalten.

Rekordzeit im Gefängnis

1559 gelangte die Burg in kursächsischen Besitz. Ihr Ruf als Gefängnis aber blieb. Berühmtester Sträfling war eine Frau. Sie hieß Anna Constantia von Brockdorff. Die spätere Reichsgräfin Cosel war die Geliebte Augusts des Starken. So hieß der damalige Kurfürst von Sachsen, der auch König von Polen war. Neun Jahre lang herrschte die Gräfin über seinen Hof. Dann hatte er genug von ihr. 1716 wurde die Cosel auf Stolpen eingesperrt. Da war sie 33 Jahre alt. Keiner ahnte, dass sie die Burg nie mehr verlassen würde. Bis zu ihrem Tod 1765 blieb die Gräfin als Gefangene auf Stolpen – ganze 49 Jahre lang!

Die Reichsgräfin Cosel

BURG TRIFELS

Wer den Trifels hat, hat das Reich.« So sagte man früher. Auf Trifels wurden Kaiserkrone, Schwert, Zepter und Apfel des Deutschen Reiches verwahrt. Das waren die Reichskleinodien. Im Mittelalter galten sie als die Zeichen der Macht des deutschen Kaisers. Er trug sie aber nur zu Krönungsfeiern. Die Reichskleinodien waren Eigentum des Reiches.
Die Reichsburg erhebt sich mächtig und unbezwingbar auf dem nördlichsten der drei bewaldeten Bergkegel des Pfälzer Waldes nahe Annweiler. Zu ihrem Schutz wurden zwei weitere Burgen gebaut: Anebos und Scharfenberg. Von ihnen sind heute nur noch Reste erhalten.

Schatzkammer und Staatsgefängnis

Die Burg Trifels steht auf dem auffälligsten der drei Burgberge. Er heißt Sonnenberg und ist über 300 Meter hoch. Der Sonnenberg wurde schon vor mehr als 2000 Jahren besiedelt.
Später entstand hier eine Holzburg, dann eine Steinburg. Das war im 10. und 11. Jahrhundert.
Im 12. Jahrhundert wurde der Felsen zur mächtigen Reichsburg ausgebaut. Kaiser und Könige hielten sich hier auf. Nicht alle aber kamen freiwillig: Der Trifels war Schatzkammer und Staatsgefängnis zugleich.

Lösegeld für den König

Ende des Jahres 1192 befand sich der englische König Richard Löwenherz auf dem Rückweg von einem Kreuzzug. Zuvor hatte er den französischen König und den österreichischen Herzog Leopold V. zutiefst beleidigt. Deshalb hätte er Österreich besser meiden sollen. Dort wurde Löwenherz gefangen genommen und später dem deutschen Kaiser übergeben. Heinrich VI. setzte ihn auf Trifels gefangen. Nach neun Monaten kam der König wieder frei. Als Lösegeld musste England 28 Tonnen Silber aufbringen.

Die Burg Trifels erhebt sich auf einem Bergkegel im Pfälzer Wald.

Der englische König Richard Löwenherz lebte neun Monate lang als Gefangener auf Burg Trifels.

Ein Lied für die Freiheit

Vielleicht spielte sich alles aber auch ganz anders ab. 1194 zog der Sänger Blondel mit einigen Getreuen aus, um seinen Herrn zu suchen. Vor jeder größeren Burg stimmte er ein Minnelied an. Er hatte es einst mit dem König gesungen. Auf Trifels antwortete ihm Richard Löwenherz mit ebendiesem Lied. In der Nacht darauf befreite der glückliche Sänger seinen Herrn mit einer Hand voll Leute. Leider ist diese Geschichte zu schön, um wahr zu sein. Als Sage erzählt man sie sich noch heute.

Burgen-Steckbrief

Burgentyp: Höhenburg
Lage: Bergkegel bei Annweiler in der Pfalz
Erste urkundliche Erwähnung: 1081
Heute: Baudenkmal und Museum
Sehenswert: Brunnenturm, Burgkapelle, Wachthaus, Palas, Bergfried
Besonderheit: Nachbildungen der Reichskleinodien im Museum

BURG VISCHERING

Im 13. Jahrhundert fassten die adligen Herren von Lüdinghausen einen folgenreichen Entschluss. Sie bauten neben ihrem starken Stammsitz Lüdinghausen noch eine zweite Burg. Der bischöfliche Landesherr war äußerst besorgt. Er sah seine landesherrlichen Rechte gefährdet. Also errichtete auch er in Lüdinghausen eine Burg. Dort steht sie noch immer. Es ist die Burg Vischering. Viele sehen in ihr die schönste Wasserburg des Münsterlandes.

Eine Burg im Teich

Die Burg des Bischofs entstand auf einer sandigen Flussablagerung. Ein Teich, Wälle und Wiesen umgeben sie. Sie konnten bei Bedarf geflutet werden. Eine lange Brücke verbindet die trutzige Rundburg mit einer Vorburg. Auch sie liegt im Wasser und war nur durch befestigte Tore über wassergeschützte Inseln erreichbar. Die zwei Stockwerke hohe Ringmauer hatte einst keine Fenster. Sie umgreift nahezu geschlossen den oberen Burgplatz. Vischering war sehr wehrhaft.

Ab durch die Falltür!

1521 wurde die Burg dennoch stark beschädigt. Ein verheerendes Feuer war ausgebrochen. Es konnte nicht gelöscht werden, obwohl Vischering mitten im Wasser steht. Aber viel mehr als eine Eimerkette zum Brandort hatte man damals den Feuersbrünsten nicht entgegenzusetzen. So gingen auch die Besitzurkunden der Burgbewohner verloren. Damit dies nicht noch einmal geschehen konnte, erhielt der Boden des später gebauten Gebäudeteils eine runde Falltür. Darunter ist ein kleiner Keller. Er führt direkt zum Wasser. Brannte es, brauchte man seine Wertsachen nur durch diese Bodenluke zu werfen – und schon waren sie in Sicherheit.

Das Halsband des Lambert von Oer

In Lüdinghausen soll es einmal neun Wasserburgen gegeben haben. Drei sind noch erhalten: Lüdinghausen, Vischering und Kakesbeck. Vischering ist nicht nur die schönste. In ihrem Museum gibt es auch viel zu sehen. Am interessantesten ist ein eisernes Halsband. Es hat mit einem gewissen Lambert von Oer zu tun. Dieser Ritter war um 1500 Burgherr auf Kakesbeck. Einmal hatte er eine Witwe betrogen. Dafür wurde der Herr von Oer später auf offener Landstraße überfallen, vom Pferd gezerrt und gefangen genommen. Dann legte man ihm ein schweres Halsband um: Es wog zweieinhalb Kilo und war innen mit eisernen Dornen besetzt. Erst einem Schmied in Münster gelang es, ihn von dem schmerzhaften »Halsschmuck« zu befreien.

Burgen-Steckbrief

Burgentyp: Wasserburg, Ringmauerburg
Lage: Lüdinghausen im Münsterland
Erste urkundliche Erwähnung: 1271
Heute: Baudenkmal und Museum
Sehenswert: gesamte Anlage, Museum
Besonderheit: schönste Wasserburg des Münsterlandes

Burg Vischering

WARTBURG

Wart’ Berg, du sollst mir eine Burg werden.« Das soll Ludwig der Springer 1067 begeistert ausgerufen haben. Soeben hatte er den 400 Meter hohen Felsen im Thüringer Wald erblickt. Leider gehörte der Berg aber nicht ihm. Da ließ der schlaue Graf von seinem Besitz Erde herbeitragen und auf dem Felsen verteilen. Zwölf Ritter stießen ihre Schwerter in den Boden. Sie bezeugten, dass dieses Land dem Springer gehöre. So begann Ludwig auf »eigenem« Grund und Boden zu bauen. Mehr als hundert Jahre vergingen. Aus der hölzernen Burg wurde eine steinerne. Sie stellte schon bald all die anderen Burgen in der Umgebung in den Schatten. Und die Ludowinger wurden zum mächtigsten Herrschaftsgeschlecht weit und breit.

Burgen-Steckbrief

Burgentyp: Höhenburg
Lage: westlicher Thüringer Wald
Länge: 180 Meter
Erste urkundliche Erwähnung: 1080
Heute: Denkmal und Museum von internationalem Rang
Sehenswert: Palas mit Rittersaal, Landgrafenzimmer, Festsaal, Lutherstube, Südturm, Innenhöfe
Besonderheit: gehört seit 1999 als erste deutsche Burg zum Weltkulturerbe der Menschheit

Wettstreit der Minnesänger

Die Wartburg strahlte ihre Bedeutsamkeit schon von weitem aus. In ihrem prachtvollen Palas gingen die bekanntesten Dichter und Minnesänger ein und aus. 1206 sollen sich sechs der berühmtesten zu einem Wettstreit zusammengefunden haben. Fünf Sänger sangen ein Loblied auf ihren Gastgeber. Nur einer pries seinen eigenen Herrn. Daraufhin wurde er zum Verlierer erklärt. Der schlechteste Vortrag sollte mit dem Tode bestraft werden. Die mitleidige Landesherrin Sophie verhinderte, dass dies tatsächlich geschah.

Eine neue Zeit

1247 erlosch das Geschlecht der Ludowinger. Die Bedeutung der Burg als herrschaftlicher Hauptsitz nahm ab. Aber gerade jetzt wurde diese Burg weltberühmt: 1521 war der Reformator Martin Luther von der Obrigkeit für »vogelfrei« erklärt worden.

Martin Luther und der berühmte Wurf mit dem Tintenfass.

Tarnname: Junker »Jörg«

Kurfürst Friedrich der Weise ließ Luther zu seinem Schutz auf die Wartburg bringen. Als Junker »Jörg« getarnt, übersetzte er hier das Neue Testament aus dem Griechischen ins Deutsche. Damit förderte Luther die Herausbildung einer neuhochdeutschen Schriftsprache. Noch 1520 waren neunzig Prozent aller Bücher in lateinischer Sprache verfasst.

Luther und der Teufel

In seinem Zimmer soll Luther der Teufel erschienen sein. Wütend warf er mit seinem Tintenfass nach ihm. Es zerschellte an der Wand und hinterließ einen großen Fleck. Der wurde von Generationen von Burgwarten immer wieder nachgebessert. Rußflecken vom einstigen Kamin mögen ein Anlass für diese Legende gewesen sein. Vor allem aber trug die Vorstellung dazu bei, Luther habe mit seinem Wort, mit seiner Tinte, also mit seiner Schrift den Teufel bekämpft.

Im Sängersaal der Wartburg fand der Wettstreit der Minnesänger statt.

Einfach vorbeigeschaut!

Burg Bentheim
Burgmuseum Schloss
48455 Bad Bentheim
Tel. 05922/5011

Burg Berwartstein
76891 Erlenbach
Tel. 06398/210

Burg Burghausen
Burg Nr. 48
84489 Burghausen
Tel. 08677/4659

Burg Chillon
CH-1820 Veytaux
Tel. 021/9633912

Burg Eisenhardt
Wittenberger Str. 14
14806 Belzig
Tel. 033841/42461

Burg Eltz
56294 Münstermaifeld
Tel. 02672/950500

Burg Kriebstein
Staatlicher Schlossbetrieb
09648 Kriebstein
Tel. 034327/9520

Marksburg
56338 Braubach
Tel. 02627/206

Burg Montclair
Tourismusverband
Merzig-Wadern
66663 Merzig
Tel. 06861/73874

Alte Burg Penzlin
Am Wall 15
17217 Penzlin
Tel. 03962/210494

Burg Pfalzgrafenstein
56349 Kaub
Tel. 0172/2622800

Burg Prunn
93339 Riedenburg
Tel. 09442/3323

Runneburg
99631 Weißensee
Tel. 036374/20785

Burg Stolpen
Staatliche Schlossbetriebe
Schlossstraße 10
01833 Stolpen
Tel. 035973/23410

Burg Trifels
76855 Annweiler
Tel. 06346/8470

Burg Vischering
Berenbrock 1
59348 Lüdinghausen
Tel. 02591/7990-0

Burg Falkenstein
06543 Pansfelde
Tel. 034743/8135

Burg Hochosterwitz
A-9314 Launsdorf
Tel. 04213/2010

Burg Hornberg
74865 Neckarzimmern
Tel. 06261/92460

Wartburg
Informationszentrum
Schlossberg 2
99817 Eisenach
Tel. 03691/77072

Glossar

Alchemie: Jahrhundertelang hatten früher Menschen versucht auf chemischem Wege unedle Metalle in Gold zu verwandeln und ein Mittel für die Unsterblichkeit oder die ewige Jugend zu finden. Das waren die Alchemisten.

Bergfried: Hoher und stark befestigter Hauptturm einer Burg. Er diente der Verteidigung und als letzte Zufluchtsstätte der Burgbewohner. Sein Eingang befand sich meist im ersten Stock. Zudem war er ein wichtiges Machtsymbol.

Blide: Bliden waren riesige Steinschleudern, mit denen die Angreifer bis zu 90 kg schwere Steine gegen die Burg schossen.

Fehde: Bewaffnete Selbsthilfe, um im Mittelalter Rechtsansprüche durchzusetzen. Selbst Beleidigungen wurden oft in Fehden geahndet. Fehden gab es nicht nur zwischen Einzelpersonen, sondern auch zwischen Sippen und Familien, Städten und Territorien.

Folter: Das Hervorrufen körperlicher Qualen, um vor Gericht Geständnisse zu erzwingen.

Fürsten: Oberschicht des Adels. Aus den Reihen der Fürsten kam der König, an dessen Wahl sie maßgeblich beteiligt waren.

Ganerbenburg: Ein Ganerbe ist jemand, der mit anderen zusammen Anteil an einer Erbschaft hatte, die nur gemeinsam genutzt werden konnte. Eine Ganerbenburg befindet sich also immer im Besitz mehrerer Eigentümer.

Kemenaten: Das waren die Zimmer der Frauen. Der Name stammt von den Kaminen in diesen Räumen. Die Kemenate war einer der wenigen Räume einer Burg, der geheizt wurde.

Kreuzzug: Im Mittelalter unternommener Kriegszug christlicher Ritter (Kreuzritter) in den Vorderen Orient, um das Heilige Grab von Jesus Christus von islamischer Herrschaft zu befreien.

Lehen: Grundbesitz, den ein Lehnsherr (z. B. ein König oder Fürst) einem Lehnsmann (meist ein Adliger oder reicher Herr) verliehen hat, um sich dessen persönliche Dienste zu sichern. Die Lehnsmänner (Vasallen) mussten ihrem Dienstherrn Treue schwören.

Minnesänger: Höfische Dichter und Sänger des hohen Mittelalters. Ihre Lieder handelten häufig von Helden und deren Abenteuern, aber auch von der Liebe. Und die »Liebe« hieß im Mittelalter »Minne«.

Palas: Hauptgebäude einer Burg. Der Palas diente nicht nur als Wohnstätte des Burgherrn und seiner Familie. Er wurde auch als repräsentativer Bau für Feste und Empfänge genutzt.

Raubritter: Verarmte Ritter, die bei ihrem Dienstherrn in Ungnade gefallen waren oder aus anderen Gründen ihr Land verloren hatten. Sie lebten von Raub und Plünderungen. Der Begriff stammt allerdings erst aus der Neuzeit.

Ritter: Ein Adeliger, der das Kriegshandwerk erlernte und der in einer feierlichen Zeremonie (Ritterschlag) zum Ritter ernannt wurde. Die Ausbildung zum Ritter begann gewöhnlich schon mit sieben Jahren. Ihre Stationen waren: Page, Knappe, Ritter.

Rittersaal: Der größte Raum einer Burg. Hier pflegte der Burgherr Gericht zu halten, hier wurden wichtige Besucher empfangen, hier wurde getafelt und gefeiert.

Turnier: Ritterliche Kampf- und Reiterspiele. Sie wurden nach festen Regeln ausgetragen. Die beliebteste Kampfart war der Tjost, bei dem zwei Ritter in voller Rüstung aufeinander zuritten und versuchten sich mit ihrer Lanze aus dem Sattel zu stoßen.

Urfehde: So wurde einst im deutschsprachigen Raum der Eid genannt, mit dem alle aus dem Gefängnis Entlassenen schworen sich für die erlittene Haft nicht zu rächen.

Zinnen: Meist rechteckige Aufmauerungen auf der Burgmauer oder auf dem Burgturm. Durch die Lücken schossen die Soldaten ihre Pfeile ab.

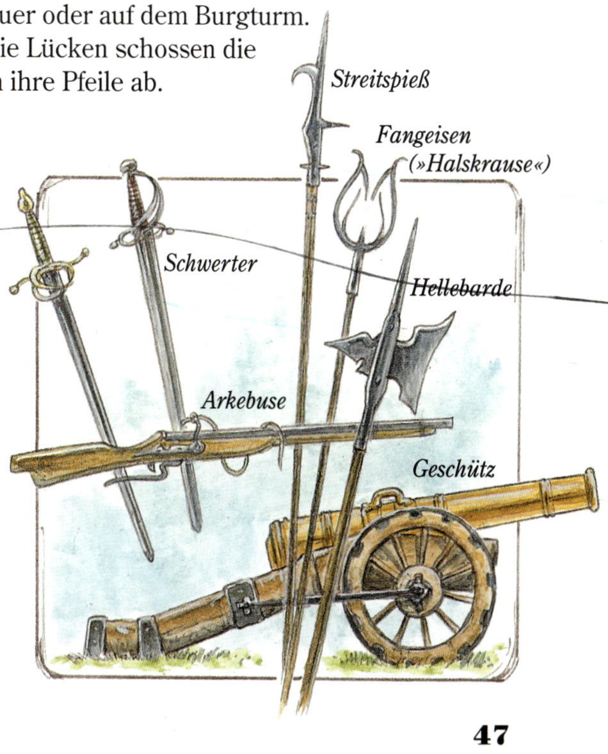

Register